AF338504

LÉGENDE

DE

SAINTE ÉLIDIE

PATRONNE DE SAINT-ALYRE

PAR

J. SABBATIER

SEPTIÈME ÉDITION

SE VEND AU PROFIT DE L'ŒUVRE

AMBERT

IMPRIMERIE J. MIGEON

1907

LÉGENDE

DE

SAINTE ÉLIDIE

PATRONNE DE SAINT-ALYRE

PAR

J. SABBATIER

SEPTIÈME ÉDITION

SE VEND AU PROFIT DE L'ŒUVRE

AMBERT

IMPRIMERIE J. MIGEON

—

1907

LÈGENDE

DE

SAINTE ÉLIDIE

Patronne de Saint-Alyre

La légende de Sainte Élidie a été publiée en
1865 avec une préface assez étendue. Dans cette
nouvelle édition nous supprimons la préface dont
les idées intéresseraient peut-être médiocrement
la majorité des lecteurs.

Nous remanions la fin de la légende que nous
augmentons un peu. Nous y ajoutons des obser-
vations critiques, et, enfin, nous publions une
cantate dédiée à Sainte Élidie.

LÉGENDE

SAINTE ÉLIDIE

PATRONNE DE SAINT-ALYRE

La naïveté de cette légende et la manière rigoureusement uniforme dont on la raconte, depuis des siècles, sont une preuve frappante de sa vérité.

Élidie vécut au commencement du douzième siècle. Elle naquit à Germalange, petit hameau de la paroisse de Saint-Jean-d'Entre-Aigues, aujourd'hui Saint-Alyre. Elle était pauvre et elle était belle, ce qui n'a jamais été heureux pour une jeune fille. Mais elle avait la crainte de Dieu, et cette crainte la soutint toujours; mais elle avait le sentiment de sa faiblesse, se défiant de tout ce qui l'entourait, et cette défiance la préserva; mais elle priait, et la prière a une singulière puissance. Aussi put-elle traverser, sans être une fois surprise, une existence sinon longue, du moins difficile, à cette époque plus qu'à toute autre.

Élidie fut réduite, par sa pauvreté, à remplir au château de Poulargues, aujourd'hui détruit, les humbles fonctions de servante. Elle avait quinze ans. Après quelques années, elle fut chargée de la surveillance de toute la maison, et se trouva ainsi en butte à la jalousie et à la rapacité d'une domesticité nombreuse et peu honnête. De là bien des calomnies et de sourdes menées. On lui reprochait une trop grande sévérité, une rigueur outrée, une aggravation du service. On donnait à entendre qu'elle défendait les intérêts de la maison plus qu'il ne convient à une servante. On allait jusqu'à supposer qu'elle avait pour la personne du maître un amour aussi grand que pour ses intérêts.

Élidie supportait toutes ces calomnies avec résignation. Dans ce temps où les seigneurs avaient droit de vie et de mort sur leurs vassaux, il n'était pas facile, sans être cruel, de se plaindre, même à la châtelaine qui avait à ses ordres des sicaires. Malheur à qui lui aurait été signalé comme ayant manqué à son devoir.

Après un long temps écoulé dans cette lutte, la jeune servante voyant qu'il lui été impossible de la faire cesser, résolut de se retirer, mais un obstacle soudain vint s'y opposer. Un domestique avait malversé, on inventa contre Élidie une foule de choses plus fausses les unes que les autres. On l'accusa d'avoir, par défaut de surveillance, rendu la malversation possible ; on alla jusqu'à dire qu'elle l'avait favorisée, qu'elle avait même été de connivence avec le malversateur.

Elle ne pouvait pas se défendre sans accuser, elle ne se défendit pas, laissant à Dieu le soin de son honneur et de sa réputation. De nos jours les choses se passeraient tout autrement ; alors il fallait souffrir et se taire, si l'on ne voulait pas prévenir le mal par un mal plus grand, ou du moins rendre le mal pour le mal. Élidie, sévèrement jugée par ses maîtres, ne crut cependant pas devoir les quitter sous l'empire du soupçon qu'on faisait peser sur elle ; elle se résigna à souffrir et à tout attendre du temps et de Dieu.

Un jour, on vint l'avertir que le sire de Poulargues la demandait, qu'il avait à l'interroger. Elle se rendit auprès de lui. Il la reçut avec dureté et lui reprocha sa négligence, plus que cela, sa complicité. Élidie lui assura qu'il se trompait, qu'il en aurait la certitude un jour. Le sire de Poulargues, au paroxisme de la fureur, soutint qu'il avait la preuve de ce qu'il disait, et qu'il allait la livrer à la justice du bailli (1). Élidie, effrayée, lui demanda grâce, le supplia d'attendre, que la vérité se ferait jour, que son innocence serait reconnue. Le seigneur se montra inflexible ; il appela un homme d'armes et la fit jeter dans un des souterrains du château.

(1) Ce qui m'étonne dans ce récit, c'est que le seigneur ait traduit sa servante devant le bailli au lieu de la juger lui-même. J'en conclus que le sire de Poulargues daignait quelquefois respecter les formes de la justice.

Élidie fut traduite devant le bailli, homme d'une grande équité, mais aussi sévère qu'équitable. Une enquête eut lieu, des témoins furent entendus, et l'innocence de l'accusée sortit triomphante de cette épreuve.

Élidie avait des amis, leur zèle les rendit intempérants de langage, un second procès eut lieu, et les accusateurs de la veille, accusés le lendemain, furent convaincus d'avoir commis la malversation qu'ils reprochaient à la connivence d'Élidie. La justice du bailli fut inexorable, un des coupables fut pendu, et les autres plus ou moins châtiés.

A la suite de cet événement, Élidie jouit d'une grande faveur auprès de ses maîtres, sa situation fut entièrement changée, le seigneur se montra plein de bons procédés et de bienveillance pour elle.

Mais à partir de ce moment, elle s'aperçut avec effroi qu'elle courait un danger d'une autre nature. Ainsi que nous l'avons dit, elle avait quelques charmes qui avaient été remarqués. Sa pudeur, sa réserve, furent longtemps pour elle une sauve-garde, et l'auraient peut-être été toujours sans un événement imprévu. La châtelaine mourut, et le châtelain devint alors audacieux. Élidie avait à peine atteint sa vingt-quatrième année. Comment, à cet âge, une fille du peuple, sans défense, aurait-elle pu se soustraire aux agressions d'un maître tout-puissant ? Il fallait fuir, mais où aller ? Pouvait-elle trouver un asile qui lui offrît quelque sécurité dans la chaumière de son père, pauvre paysan, sans fortune et, sans nom ? (1)

Dieu veillait sur elle, car il veille sur tous ceux qui l'implorent avec confiance. Il lui inspira l'idée de se réfugier dans la forêt voisine, où elle vivait comme elle pouvait, de racines, d'aumônes, de ce qui se présentait à sa main. On dit même qu'un chien qu'elle avait élevé et qui l'avait prise en grande affection, lui apportait la pitance qu'on lui donnait, même la part du maître, quand il pouvait la dérober, et qu'aussitôt qu'il avait saisi sa proie, il gagnait les champs. On avait remarqué ce manège, on en riait, on en faisait le sujet de mille histoires.

Cependant à Poulargues on ignorait ce qu'était devenue Élidie; on l'avait inutilement cherchée. Un jour, le seigneur chassant dans les environs, avait cru l'apercevoir; il ordonna à ses hommes d'armes de fouiller la contrée dans tous les sens. Ceux-ci, après plusieurs tentatives infructueuses, aperçurent le chien et le suivirent à travers la forêt. A quelques centaines de pas du ravin où coule la fontaine qu'on appelle depuis *Roumée*, par corruption de *Renommée*, l'animal fidèle s'arrêta, guidant inconsciemment les sicaires. Élidie, découverte, prit la fuite; on la poursuivit au cri terrible alors de : *la voilà, la voilà, la sorcière !* poussé par les femmes de Germalanges, qui l'indiquaient du doigt lorsqu'elle disparaissait dans

______

(1) Les noms patronymiques ne remontent guère au-delà du XIIIe siècle.

l'épaisseur des arbres. La poursuite ne fut pas longue ; entravée par la fougère, Élidie tomba, l'arme d'un soldat s'abattit sur elle et la blessa grièvement au cou (1) ; elle fut laissée pour morte. Réveillée de sa léthargie par la fraîcheur de la terre, elle se leva, se traîna jusqu'à la fontaine et y lava sa blessure. L'eau fut bientôt teinte de son sang. Affaiblie par la perte de tant de sang, Élidie n'avait plus la force de remonter le ravin. Ses traqueurs qui l'observaient de loin, inquiets sans doute d'avoir outrepassé les ordres qu'ils avaient reçus, vinrent à elle et la transportèrent au château, où elle expira. Avant de rendre le dernier soupir, elle fit appeler le seigneur et lui dit :

« J'ai arrosé de mon sang la terre de nos aïeux, que mon père arrose tous les jours de la sueur de son front ; Dieu la rende féconde et riche en moissons ! »

Ce meurtre, qui n'avait pas été ordonné par le maître lui donna du regret. Il voulut, par une sorte de réparation, que sa victime fut inhumée au milieu des tombeaux des hauts et puissants seigneurs de Poulargues, au nord de l'église paroissiale et dans un des cercueils en pierre réservés à leur famille.

Cette mort tragique fit un grand bruit. La conscience publique, qu'on peut égarer mais qu'on

______

(1) La tradition populaire veut qu'Élidie ait eu la tête tranchée d'un seul coup et qu'elle l'ait prise dans ses mains. Il ne faut voir dans cette altération évidente du fait que la propension du moyen-âge au merveilleux, accueillie et conservée par l'ignorance et l'irréflexion.

ne saurait étouffer, protesta contre le crime de la puissance. D'ailleurs, la jalousie et la haine excitées contre elle par son intelligence et ses vertus avaient donné à Élidie une certaine notoriété. Elle était si active et si habile à remplir ses fonctions qu'elle trouvait le temps d'aider ses compagnes et d'assister tous les jours aux divers offices de Saint-Jean-d'Entraigues ; car la paroisse de Saint-Sauveur, dont Poulargues fait aujourd'hui partie, n'était alors qu'un simple prieuré, si même il existait. Pour expliquer l'activité d'Élidie, ses amies disaient qu'elle était prédestinée, et que les anges travaillaient pour elle en son absence, et ses ennemis, qu'elle avait fait un pacte avec le diable, et ils l'appelaient sorcière. Quoiqu'il en soit, dès sa mort on vint de tous côtés s'agenouiller et prier auprès du tertre sous lequel elle reposait ; on y éleva une croix et un entourage en bois qui, remplacé dans la suite par des murailles, devint la chapelle où depuis près de huit siècles on se rend en pèlerinage. (1)

Bientôt au pied de cette croix des guérisons nombreuses s'opérèrent, la reconnaissance publi-

---

(1) On donne une autre origine à la Chapelle. Élidie était enterrée auprès d'un buisson. Un chiffonnier attachait son âne aux branches de ce buisson, nonobstant l'opposition de plusieurs femmes qui lui criaient de respecter la tombe d'une sainte. — « Sainte ou sorcière, quel mal peut lui faire mon âne ! » — Frappé subitement de cécité, il aurait fait vœu, s'il recouvrait la vue, de bâtir une chapelle à la place du buisson.

que les exalta. L'autorité ecclésiastique s'émut,
le premier pasteur du diocèse ordonna qu'il fut
procédé à une enquête. On ouvrit le tombeau,
on recueillit les ossements de la sainte fille, on
les enveloppa dans un drap de soie, et on les
replaça dans le cercueil en pierre que l'on scella
du sceau de l'évêché, et dont l'étroitesse indi-
que qu'Élidie était mince et svelte. Depuis, les
évêques ont continué leurs visites à diverses
époques. La dernière a eu lieu en 1843, qu'il
nous soit permis de le dire avec une profonde
douleur. Les délégués des évêques qui défen-
daient, sous peine d'excommunication, aux pro-
fanes, de toucher aux reliques de la sainte, ont
cru sans doute échapper à la foudre qu'ils lan-
çaient puisqu'ils les ont distribuées avec une pro-
fusion telle qu'il en reste à peine trois livres.
Une jambe entière se trouve, dit-on, dans la seule
église de Saint-Eutrope, à Clermont. Espérons
que ces actes ne se reproduiront pas. Si les débris
des saints appartiennent à quelqu'un, c'est sans
doute à ceux qui habitent la terre d'où ils sont
sortis et dans le sein de laquelle ils sont rentrés.

Les procès-verbaux ont pour la plupart disparu.

Un seul paraît avoir été respecté par le temps,
celui de Monseigneur d'Estaing, conservé à la
bibliothèque du grand séminaire de Montferrand,
et qui est de 1654.

En voici le texte :

*Extrait du procès-verbal de visite de la paroisse
de Sainte-Élidie, vulgo Saint-Alyre*

Nous, Louis d'Estaing, évêque de Clermont..,
enquis du nombre des églises annexes de ladite
paroisse et des chapelles, etc.

« Nous a dit qu'il y avait une chapelle qu'on nomme
de Sainte-Élidie et *vulgo* la chapelle *Pose*, dans laquelle
nous ayant été dit que de tout temps et antiquité le
corps de Sainte-Élidie reposait sous l'autel de ladite
chapelle, et nous ayant été requis d'en faire l'ouver-
ture, ce que nous avons fait avec toute la solennité
requise en pareil cas ; et avons trouvé sous l'autel,
appuyé sur quatre piliers de pierres, un petit cercueil
de pierre de taille, d'entour deux pieds de long et
environ un pied de large, dans lequel nous avons
trouvé les ossements d'un corps. Après les avoir
visités et mis dans une nappe, les avons mis dans le
même état qu'ils étaient, et fait fermer le sépulcre
avec défense que nous avons faite à toute personne
que ce soit d'ouvrir ledit sépulcre à peine d'excommunication du fait même jusqu'à ce que dans autre temps
nous en fassions faire l'élévation avec la solennité
requise, et avons dressé le procès-verbal particulier de
tout. Enjoignons au curé de publier au prône la per-
quisition que nous avons faite desdites reliques, et
avons enjoint de faire une quête dans ladite paroisse
pour accommoder la chapelle, afin que Dieu soit
honoré dans l'intercession de ses saints.

« Signé : Louis d'Estaing, évêque de Clermont.

Plusieurs personnes nous ont dit avoir vu, et nous
croyons avoir lu nous-même chez l'abbé Vellay,
la copie d'un procès-verbal postérieur de l'illustre
Massillon, mais nous l'avons inutilement fait
chercher. Quoiqu'il en soit, il résulte des divers

faits relatés ci-dessus et un peu plus loin que le culte d'Élidie remonte à une époque très-voisine de sa mort. Il existait suivant le procès-verbal de monseigneur d'Estaing *de tout temps et antiquité* en 1654. Mais une preuve bien autrement forte que ce procès-verbal, ce sont les quatre piliers qui, dès la première exhumation de la sainte, ont supporté son tombeau. En effet, ils sont à chapiteaux, composés de deux larges feuilles recourbées en volute comme on en rencontre beaucoup dans le nord et le centre de la France, et qui, d'après M. de Caumont, appartiennent aux XIe et XIIe siècles.

Le temps où a vécu Élidie est également constaté d'une manière certaine par les tombeaux semblables au sien qui se trouvent encore dans la chapelle, et qui, s'il faut s'en rapporter aux dessins du même M. de Caumont, ont exactement la forme des *tombeaux non apparents*, des XIe et XIIe siècles (1).

En 93, pour soustraire les ossements d'Élidie à la profanation, on les transporta à Aubaspeyres, village voisin de Germalanges, son berceau. Ce ne fut que plusieurs années après qu'ils furent replacés sous l'autel de la chapelle, où ils sont toujours pieusement conservés.

La nouvelle chapelle que l'on vient de construire, un peu plus longue que l'ancienne, a obligé de reculer l'autel d'environ deux mètres.

---

(1) *Histoire sommaire de l'architecture religieuse, militaire et civile du moyen-âge,* par de Caumont.

Il n'est plus assis sur le tombeau primitif que marque une dalle où sera gravée une inscription.

Les guérisons subites qui s'étaient opérées au pied de la croix du cimetière, n'ont pas cessé depuis, ainsi que l'attestent les béquilles abandonnées soit à la fontaine Roumée, soit dans la chapelle. Les fiévreux et les paralytiques s'y font porter de très loin.

Telle est, dans sa naïve simplicité, la légende d'Élidie, conservée par la tradition.

La fête de sainte Élidie était célébrée à l'origine le 12 septembre. Elle fut transférée par monseigneur de Dampierre au troisième dimanche de juillet, parce que cette époque des longs jours est plus favorable aux pèlerins, dont quelques-uns viennent de très-loin. Dès la veille au soir, on les voit arriver en foule à Saint-Alyre, où un clergé nombreux les attend aux confessionnaux. Plusieurs de ces pèlerins couchent dans l'église, les hôtelleries étant insuffisantes à les recevoir.

Le lendemain, dès quatre heures du matin, les messes commencent, se succèdent sans relâche, et à toutes la table sainte est assiégée.

A neuf heures, un gai carillon annonce que la procession se forme. Bientôt elle s'ébranle au son des cloches, au bruit des tambours et des clairons, car la procession d'Élidie, qui date des croisades, a conservé tous les caractères et tous les attributs de cette époque religieuse et guerrière.

Pendant que les bannières et les oriflammes se déploient sur la place, se prolongent en longues colonnes d'avant-garde, la statue de la sainte, couronnée de fleurs et portée par quatre jeunes filles en robe blanche et en écharpe rouge, sort de l'église et s'avance majestueusement précédée du drapeau de la commune au milieu de deux rangs de jeunes filles costumées comme les porteuses. Elle est escortée par le roi, les chevaliers et les hommes d'armes. Viennent ensuite le maire et l'adjoint, suivis du conseil municipal, et enfin le clergé. Les pèlerins et la foule fermant la marche.

Rien de beau, de grandiose, de magnifique comme cette longue file de robes blanches dont la tête disparaît dans les profondeurs de la forêt à plus d'un kilomètre de distance, tandis que le centre de la procession laisse à peine derrière lui les dernières maisons du village. Nous marchons toujours, et nous traversons la forêt des Garennes, où Élidie vécut fugitive et tomba frappée à mort. Nous descendons le côteau qu'elle descendit elle-même en rampant plutôt qu'elle ne marchait pour se rendre à la petite source où elle lava sa blessure. Nous voici dans l'étroite vallée qui est le terme du pèlerinage, marqué par une petite chapelle à droite de laquelle est encaissée la source sacrée. Cette vallée est resserrée à l'est par la colline boisée que nous venons de traverser. A l'ouest s'élève une autre colline, que couronne le village de Germalanges. Au nord, derrière la forêt, regardant Arlanc, s'épanouit le village de Poulargues. Une messe basse est dite à la chapelle, et lorsque le temps le permet, le panégyrique de la sainte est prononcé du haut de la colline au milieu d'une foule immense ; ensuite la procession se remet de nouveau en mouvement, prend un chemin opposé à celui qu'elle a suivi, traverse le village de Germalanges, où l'on montre la place vide de la maison où serait née Élidie, et nous voici de retour à Saint-Alyre, où la grand'messe commence. Après les vêpres, les jeunes gens se livrent à des exercices militaires, car cette fête est exclusivement religieuse, la danse et les jeux y seraient regardés comme une profanation.

Le culte d'Élidie est une sauvegarde pour les jeunes filles de la paroisse. Celle qui aurait fait une faute grave n'oserait pas revêtir la robe blanche, se mêler à ses compagnes, au jour de la fête, et son absence serait pour elle une sorte de flétrissure.

OBSERVATIONS CRITIQUES

————✳————

Nous avons puisé cette légende dans les familles les
plus honnêtes et les plus pieuses de la commune de
Saint Alyre. Dans toutes nous l'avons entendu ra-
conter pendant un demi-siècle avec une telle uniformité, que cette uniformité, dans la forme, est une
preuve de la vérité du fond. Notre récit est conforme
à celui de l'abbé Vellay, mort curé de Saint-Alyre en
1826. L'abbé Vellay, ancien élève de Laharpe, était un
esprit éclairé, curieux et chercheur. Dévoué au culte
de Sainte Élidie, il cédait rarement à d'autres l'honneur
de faire le panégyrique annuel de la patronne de sa
paroisse. Il avait rassemblé beaucoup de vieux manus-
crits qu'il aimait à montrer, dans lesquels l'ancienne
paroisse de Saint-Jean-d'Entraigues, *Sanctus-Joannes-
Inter-Aquas*, était appelée tantôt *Illidium*, *Illid*, tantôt
Élidie, *Allire*, et enfin Saint-Alyre, nom d'un évêque
de Clermont avec lequel elle n'a jamais rien eu de
commun. Nous renouvelons ici un vœu que nous avons
déjà exprimé. Il y a dans le diocèse de Clermont
trois paroisses du nom de Saint-Alyre, dont deux
surtout donnent souvent lieu à des confusions

fâcheuses. Pourquoi ne pas rendre à Saint-Alyre, près d'Arlanc, son nom véritable de Sainte Élidie, que le cri de la vénération publique lui a spontanément donné il y a 800 ans? On ferait ainsi tout à la fois acte de justice et de clarté.

Si la légende de Sainte Élidie a été conservée intacte dans son berceau, il n'en a pas été de même au loin où elle a été défigurée et rendue ridicule. Nous citerons notamment une brochure de fantaisie, œuvre évidemment de commerce, imprimée à Ambert, sans date, dans laquelle le grotesque le dispute au ridicule. Il n'y est pas dit un mot de la virginité de Sainte Élidie, cause unique de son martyre. En revanche, on rapetisse cette héroïque jeune fille aux proportions d'une servante vulgaire, capable de voler une pièce d'argenterie, et on fait descendre le sire de Poulargues jusqu'à offrir, moyennant une condition grossière, l'impunité et ses bonnes grâces à une voleuse, comme si les grands seigneurs du moyen-âge avaient été capables de déroger jusqu'à marchander avec des servantes sur lesquelles ils avaient droit de vie et de mort. Ce n'est pas tout, l'auteur de cette légende fait noyer Élidie dans la fontaine où elle avait lavé sa blessure, sans réfléchir que cette fontaine, coulant à fleur de terre, avait à peine quelques pouces de profondeur, et il prête à l'un des meurtriers l'idée stupide d'avoir essayé de faire croire cette fable au château, comme s'il eut été possible de dissimuler un meurtre commis en plein jour sous les yeux de tout le village de Germalanges.

Il serait facile de justifier sur tous les points le récit que nous publions, un ou deux exemples suffiront à le démontrer. Lorsqu'en 1864, le curé de Saint-Alyre, M. Vernadet, fit construire la chapelle d'Élidie, sur le plan modifié de son prédécesseur, M. l'abbé Missoux, il crut devoir la faire prolonger de quelques pieds. Les fouilles que ce prolongement exigea firent découvrir plusieurs cercueils en pierre tendre venue des environs d'Issoire ou du Mont-Dore. Ces pierres en tout semblables à la caisse qui renferme les ossements d'Élidie, prouvent jusqu'à la dernière évidence que cette caisse fut le cercueil même où elle fut inhumée, et que ce cercueil était un de ceux que les sires de Poulargues tenaient en réserve pour les membres de leur famille, mais que seulement il a été raccourci après la consomption des chairs pour ne pas excéder les dimensions de l'autel où il est encastré. Il est à regretter que, par défaut de surveillance, quatre ou cinq de ces cercueils aient été brisés. Mais le malheur n'est pas irréparable, car la chapelle est remplie de tombeaux semblables qui entouraient celui d'Élidie.

On peut dire avec la même certitude ce qu'était le castel de Poulargues, situé à deux kilomètres nord de Saint-Alyre, en face le formidable château de Clavelier, dont les ruines, encore menaçantes il y a cinquante ans, s'affaissent et disparaissent de jour en jour, sous l'action du temps et du marteau. Le castel de Poulargues, dont il ne reste rien debout et dont il serait difficile de déterminer exactement la place, mais que l'on pourrait peut-être reconstruire tant les pierres qui lui ont appartenues se montrent apparentes sur toutes les maisons et les clôtures du hameau, n'était pas autre chose qu'un de ces manoirs de gentillâtres voleurs après avoir été soldats comme il y en avait tant au moyen-âge. Trop faible pour soutenir un siège contre une armée régulière, Poulargues était assez fort pour résister à des bandes de paysans qui seraient venus réclamer leur blé ou leurs bestiaux enlevés de vive force, lorsqu'ils ne pouvaient pas payer la dîme ou que la famine montait de la chaumière au donjon.

Le temps nous a manqué pour consulter ce qui a pu
échapper à la destruction des chartes de l'abbaye de la
Chaise-Dieu, conservées, soit dans ce monastère, soit
dans celui de Saint-Maur, auquel il a été réuni en 1640
par Richelieu. Nous y aurions sans doute trouvé bien
des documents curieux et peut-être un volume, qui
paraît avoir été publié sur Sainte Élidie.

La tradition populaire, toujours amie du merveilleux, rapporte quelques autres faits sans importance
qui ne reposent sur aucune probabilité. C'est ainsi
qu'Élidie aurait répondu aux personnes qui la dési-
gnaient du doigt pendant sa fuite en criant *la voilà
la sorcière :* Malédiction sur vous, femmes de Germalanges, votre village déjà célèbre par le nombre de ses
veufs le sera bien davantage dans la suite des siècles.
La prédiction, vraie aujourd'hui par hasard, où trois
familles seulement ont échappé au veuvage, n'a jamais
été constatée, et elle n'est pas dans le caractère
d'Élidie.

Élidie aurait également maudit les fougères cause
de sa chûte, et depuis ce temps elles auraient disparu
des garennes. Cette disparition est un fait tout simple
qui n'a pas besoin pour être expliqué de l'intervention
d'une cause surnaturelle.

J. Sabbatier.

Vichy, le 4 juillet 1872.

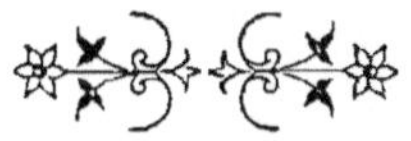

SAINTE ÉLIDIE

CANTATE

Paroles de J. Sabbatier. — Musique de Mme Polmartin

Patronne de Saint-Alyre,
Douce vierge du hameau
Laisse tomber un sourire
Aux lieux où fut ton berceau.

Jadis sur ce désert sauvage
Régnaient des créneaux orgueilleux
Qui, sous l'opprobre du servage,
Courbaient le front de nos aïeux.
En ces jours d'infortune étrange,
Au manoir d'un fier hobereau,
L'orpheline de Germalange
Humblement gardait le troupeau.
Elle était jeune, elle était belle,
Il l'aimait d'un coupable amour;
C'était la faible tourterelle
Tombée aux serres du vautour.
Sur sa blanche couche endormie,
La nuit elle entend une voix,
La voix d'un ange qui lui crie :
Fuis, enfant, fuis au fond des bois.

Le flanc d'un chêne séculaire,
Par la hache du temps ouvert,
Lui prête un refuge éphémère,
Mais ce refuge est découvert.
Vassaux, manants du haut domaine,
Par le sire en traqueurs lancés,
Font gémir les monts et la plaine
Sous l'effort de leurs pas pressés.
Au bruit de la meute hurlante,
Aux cris des chasseurs, des soudards,
Surprise, éperdue, haletante,
Les pieds nus, les cheveux épars,
Elle fuit, tombe évanouie.
Sur son sein le glaive brutal
Étincelle, et l'herbe est rougie
Des flots de son sang virginal.
Près de là, coule une onde pure,
La pauvrette en rampant l'atteint,
S'y penche, y lave sa blessure
Et son œil se ferme et s'éteint.
Ton œil s'éteint, mais non ta vie,
La mort qui rend la liberté,
La mort, héroïque Élidie,
T'a donné l'immortalité.